Cómo los Ricos Hacen su Dinero

Logan Evans

Logan Evans

Página de Derechos de Autor

Primera edición
Todos los Derechos Están Reservados
Autor: © 2024, Logan Evans

Indice

La Mentalidad del Juego Largo

La mentalidad del juego largo es lo que distingue a los millonarios de aquellos que simplemente buscan ganar dinero rápido. Ellos no ven sus negocios como una manera de resolver sus necesidades inmediatas, sino como una herramienta para construir un futuro sólido y sostenible. Entender esto es fundamental si quieres pensar como ellos. Mientras la mayoría de las personas buscan resultados rápidos, los millonarios se enfocan en lo que pueden lograr en cinco, diez o incluso veinte años. Es como plantar un árbol: al principio, apenas ves resultados, pero con el tiempo crece, da sombra y frutos.

Para los millonarios, cada decisión que toman está diseñada con el largo plazo en mente. No les preocupa el éxito inmediato de un proyecto, sino su impacto y potencial a largo plazo. Imagina a alguien que decide abrir un negocio. Una persona común podría preocuparse si no obtiene grandes ganancias en los primeros meses. Sin embargo, un millonario sabe que los primeros meses o incluso los primeros años son solo una parte de un plan más grande. En lugar de desesperarse, invierten su tiempo y recursos en mejorar, aprender y construir una base sólida. Ellos saben que la paciencia y la constancia siempre dan frutos.

Algo clave en esta mentalidad es entender que el dinero no es un fin, sino un medio. Los millonarios no buscan hacerse ricos para gastar en cosas superficiales. Ellos reinvierten su dinero constantemente. Cada dólar que ganan es una semilla que vuelven a plantar para que crezca aún más. Esto significa que, incluso cuando ganan mucho, no gastan sin pensar. Ven el dinero como energía que puede ser utilizada para generar más oportunidades. Este enfoque les permite acumular riqueza mientras otros la pierden porque no piensan en el mañana.

Otro aspecto importante es cómo enfrentan los fracasos. Los millonarios no los ven como el fin del camino, sino como lecciones. En el juego largo, los fracasos son inevitables. Es como tropezar mientras caminas por una carretera larga. No te detienes ni abandonas el camino; simplemente te levantas, analizas lo que salió mal y continúas. Cada tropiezo los hace más sabios y más fuertes. Ellos saben que el éxito no llega de la noche a la mañana, sino de la acumulación de pequeños logros y de aprender de los errores.

Un ejemplo de esta mentalidad es cómo ven la construcción de relaciones. Para ellos, las conexiones no se tratan solo de lo que alguien puede ofrecerles hoy, sino de lo que puede surgir en el futuro. Invierten tiempo en conocer personas, construir confianza y establecer lazos genuinos. Entienden que estas relaciones pueden abrir puertas inesperadas en los momentos más necesarios. Es como sembrar amistad y lealtad para cosechar alianzas cuando llegue el momento adecuado.

Además, los millonarios se enfocan en crear negocios que puedan sobrevivir sin ellos. Saben que el tiempo es su recurso más valioso, por lo que construyen sistemas y equipos que puedan funcionar independientemente de su presencia diaria. Esto les permite liberar tiempo para explorar nuevas ideas y oportunidades, manteniendo siempre la vista en el horizonte. Entienden que, para ganar en el juego largo, necesitan delegar, confiar y construir estructuras resistentes.

Es importante destacar que esta mentalidad no significa ser pasivo o simplemente esperar. Al contrario, los millonarios son extremadamente activos en la construcción de su futuro. Trabajan con disciplina todos los días, pero su esfuerzo está enfocado en resultados duraderos. No se distraen con modas pasajeras ni con oportunidades que prometen mucho pero no tienen base sólida. Su capacidad para decir "no" a lo que no encaja en su visión a largo plazo es una de sus mayores fortalezas.

La mentalidad del juego largo también los lleva a invertir en sí mismos. Para ellos, aprender nunca termina. Constantemente buscan nuevas habilidades, conocimientos y experiencias que puedan mejorar sus capacidades. Ven el crecimiento personal como una de las inversiones más valiosas que pueden hacer. Esto no solo los ayuda a enfrentar los desafíos del presente, sino que los prepara para aprovechar las oportunidades del futuro.

Al final, lo que realmente define a los millonarios es su capacidad para resistir la tentación de la gratificación instantánea. Mientras otros gastan en lujos inmediatos o buscan resultados rápidos, ellos se mantienen enfocados en construir algo más grande, más fuerte y más duradero. Este enfoque los coloca en una posición de ventaja, porque mientras otros están ocupados persiguiendo el éxito inmediato, ellos ya están construyendo su imperio. Su paciencia, disciplina y visión a largo plazo son las claves para su éxito. Si quieres pensar como un millonario, empieza a ver cada acción como una inversión en tu futuro y recuerda que los grandes resultados requieren tiempo.

El Poder de la Estrategia

El poder de la estrategia es lo que separa a quienes simplemente sobreviven en los negocios de quienes prosperan y alcanzan el éxito. Para los millonarios, cada movimiento está calculado, cada acción tiene un propósito y cada decisión es parte de un plan más grande. No se trata de actuar por instinto o improvisar; se trata de construir un camino claro y seguirlo con determinación. Ellos entienden que el éxito no ocurre por casualidad, sino que es el resultado directo de una estrategia bien diseñada.

La estrategia es como un mapa. Antes de comenzar cualquier negocio, los millonarios se aseguran de saber a dónde quieren llegar y cómo planean hacerlo. No empiezan a construir sin planos claros. Primero identifican su meta: puede ser dominar un mercado, resolver un problema específico o crear una marca que sea reconocida globalmente. Una vez que tienen esa meta, trazan un plan detallado que incluye cada paso necesario para alcanzarla. Este plan no solo les da dirección, sino que también les permite evitar errores comunes que otros cometen al no estar preparados.

Lo interesante de la estrategia de los millonarios es que no solo se enfoca en lo que tienen que hacer, sino también en lo que no deben hacer. Ellos saben que no todas las oportunidades son buenas y que decir "no" a cosas que no encajan en su plan es tan importante como decir "sí" a las correctas. Este enfoque selectivo les permite concentrarse en lo que realmente importa y evitar dispersarse en demasiados proyectos o ideas.

Además, su estrategia siempre incluye un análisis del entorno. Los millonarios estudian su mercado a fondo antes de hacer cualquier movimiento. Se preguntan quiénes son sus competidores, qué problemas enfrentan sus clientes y qué tendencias están en auge. No dejan nada al azar. Este conocimiento les permite posicionarse de manera estratégica, ofreciendo algo único o mejor que lo que ya existe. No intentan competir simplemente por competir; buscan diferenciarse y aportar un valor claro que los haga destacar.

Un elemento clave de la estrategia es la flexibilidad. Aunque los millonarios tienen un plan claro, también están preparados para adaptarse si las circunstancias cambian. No son tercos al punto de seguir un camino que claramente no funciona. Si ven que algo no está dando resultados, ajustan su enfoque y buscan nuevas soluciones. Esto no significa abandonar su visión, sino encontrar formas más inteligentes de llegar a ella. Es como navegar un barco: si las corrientes cambian, no abandonan el destino, solo ajustan las velas.

La estrategia también les permite calcular riesgos. A diferencia de muchas personas que temen arriesgarse, los millonarios entienden que los riesgos son necesarios para crecer, pero no toman riesgos ciegos. Analizan cada decisión cuidadosamente, midiendo las posibles ganancias contra las posibles pérdidas. Si un riesgo tiene más beneficios que desventajas y encaja en su estrategia general, lo toman sin dudar. Este enfoque calculado es lo que les permite avanzar mientras otros se quedan paralizados por el miedo.

Otro aspecto fundamental es la ejecución. Una estrategia no tiene valor si no se lleva a cabo. Los millonarios son disciplinados a la hora de implementar sus planes. Se aseguran de que cada acción esté alineada con su estrategia y no pierden tiempo en actividades que no aportan al objetivo final. Son extremadamente eficientes con su tiempo y energía, asegurándose de que cada esfuerzo cuente.

La estrategia también incluye la construcción de un equipo fuerte. Los millonarios saben que no pueden hacerlo todo solos, por lo que buscan a las personas adecuadas para ayudarlos a implementar su visión. Escogen a expertos en diferentes áreas y confían en ellos para manejar tareas específicas. De esta forma, pueden concentrarse en lo que realmente importa: dirigir el rumbo general de su negocio.

Finalmente, la estrategia de los millonarios siempre incluye un enfoque en el futuro. No solo piensan en el próximo año, sino en los próximos cinco, diez o incluso veinte años. Consideran cómo sus decisiones actuales afectarán su negocio a largo plazo. Por ejemplo, pueden invertir en tecnología o infraestructura hoy, aunque no vean resultados inmediatos, porque saben que estos elementos serán clave para su crecimiento futuro.

El poder de la estrategia radica en su capacidad para dar claridad y dirección. Mientras otros se sienten perdidos o improvisan en el camino, los millonarios avanzan con confianza porque saben exactamente qué están haciendo y por qué lo están haciendo. La estrategia no solo les permite alcanzar sus metas, sino que también les da una ventaja competitiva, porque mientras otros reaccionan, ellos ya están dos pasos adelante. Si quieres pensar como un millonario, comienza a planificar cada acción, estudia tu entorno y asegúrate de que cada decisión esté alineada con tu visión. Recuerda, el éxito no es accidental; es el resultado de una estrategia bien ejecutada.

Crear Valor, No Solo Ganancias

Crear valor, no solo ganancias, es el corazón de cómo piensan los millonarios. Ellos saben que el dinero es importante, pero no es lo único que importa. Para ellos, las ganancias son el resultado natural de crear algo que realmente haga una diferencia en la vida de las personas. En lugar de enfocarse solo en cuánto pueden ganar con un negocio, se preguntan qué problema pueden resolver, cómo pueden mejorar una situación o qué experiencia única pueden ofrecer. Esa mentalidad de aportar valor es lo que los lleva a construir negocios exitosos y duraderos.

Cuando un millonario comienza un proyecto, su primera pregunta no es "cuánto puedo ganar", sino "qué necesidad estoy resolviendo". Ellos entienden que el dinero sigue al valor, no al revés. Por ejemplo, si alguien inventa un producto que hace la vida más fácil, las personas estarán dispuestas a pagar por él. No es solo porque el producto existe, sino porque aporta algo útil. Los millonarios no se enfocan en vender algo por venderlo, sino en ofrecer algo que las personas realmente quieran o necesiten.

Esto no significa que las ganancias no sean importantes. De hecho, son esenciales para mantener un negocio funcionando. Pero para los millonarios, las ganancias son una consecuencia de hacer bien las cosas. Es como plantar un árbol: si cuidas el árbol, le das agua y lo proteges, eventualmente dará frutos. No puedes enfocarte solo en los frutos sin cuidar primero al árbol. De la misma manera, no puedes enfocarte solo en las ganancias sin asegurarte de que tu negocio aporte valor real.

Un ejemplo claro de esto es cómo los millonarios ven a sus clientes. Para ellos, los clientes no son solo una fuente de dinero, sino socios en su éxito. Tratan de entender profundamente qué quieren y necesitan sus clientes. Hacen preguntas, escuchan sus problemas y se aseguran de que sus productos o servicios sean realmente útiles. Cuando los clientes sienten que están recibiendo algo valioso, no solo regresan, sino que también recomiendan el negocio a otros. Esto crea un efecto de crecimiento continuo que va más allá de cualquier ganancia inmediata.

Además, los millonarios entienden que crear valor no se trata solo del cliente, sino también de sus empleados y su comunidad. Un negocio que aporta valor cuida a su equipo, invierte en su desarrollo y los trata con respeto. Cuando los empleados se sienten valorados, trabajan con más motivación y ayudan a que el negocio crezca. De la misma manera, los millonarios buscan formas de contribuir a su comunidad. Saben que si mejoran el entorno en el que operan, también están construyendo un lugar más favorable para su negocio.

Crear valor también significa innovar constantemente. Los millonarios no se conforman con hacer lo mismo que todos los demás. Buscan formas de mejorar lo que ya existe o de crear algo completamente nuevo. La innovación es una forma poderosa de aportar valor porque ofrece soluciones que antes no estaban disponibles. Piensa en empresas como las que han revolucionado la tecnología o el transporte. Lo lograron porque no se enfocaron solo en ganar dinero, sino en cómo podían hacer las cosas mejor para todos.

Otro aspecto importante es la sostenibilidad. Para los millonarios, crear valor también significa pensar en el futuro. No buscan ganancias rápidas que dañen el medio ambiente o exploten recursos de manera irresponsable. Prefieren construir negocios que puedan durar generaciones, porque entienden que el valor real no tiene fecha de vencimiento. Esto también los ayuda a ganar la lealtad de sus clientes, porque cada vez más personas prefieren apoyar empresas que se preocupan por algo más que el dinero.

Por último, crear valor no es algo que se detenga. Los millonarios saben que siempre hay más por hacer, más problemas por resolver y más personas a las que ayudar. Nunca dejan de buscar formas de mejorar, crecer y aportar más. Esto no solo beneficia a sus negocios, sino que también les da una profunda satisfacción personal. Saber que están marcando una diferencia en el mundo es una recompensa que va más allá del dinero.

Si quieres pensar como un millonario, comienza a enfocarte en cómo puedes crear valor en todo lo que haces. Pregúntate qué puedes aportar a las personas a tu alrededor, ya sea en tu trabajo, en un negocio o incluso en tu vida personal. Recuerda que el dinero es una herramienta, pero el verdadero éxito viene de hacer algo que deje una huella positiva. Al final, las ganancias son temporales, pero el valor que creas puede durar para siempre.

Negociar Como un Maestro

Negociar como un maestro es una de las habilidades más importantes que un millonario debe dominar. La negociación no es solo una conversación donde dos personas intentan obtener lo que quieren; es un arte, una estrategia y, sobre todo, una oportunidad para construir relaciones a largo plazo. Los millonarios entienden que una negociación exitosa no significa "ganar" a toda costa, sino encontrar un resultado en el que ambas partes se sientan satisfechas y estén dispuestas a colaborar nuevamente en el futuro. Esta mentalidad es lo que los convierte en negociadores excepcionales.

El primer paso para negociar como un maestro es la preparación. Los millonarios nunca entran a una negociación sin estar bien informados. Investigan a fondo a la otra parte: quiénes son, qué quieren, cuáles son sus necesidades y cuáles podrían ser sus puntos débiles. También tienen claro lo que ellos mismos quieren lograr. Saben cuál es su objetivo ideal, cuál es el mínimo aceptable y qué estarían dispuestos a sacrificar. Entrar a una negociación sin preparación es como entrar a una batalla sin armas: simplemente no funciona.

Otra clave es escuchar más de lo que hablan. Los millonarios saben que la información es poder, y la mejor manera de obtenerla es dejando que la otra persona hable. Cuando escuchas con atención, puedes identificar lo que realmente quiere la otra parte, incluso si no lo dice directamente. A veces, la verdadera necesidad de alguien no es evidente al principio, pero si prestas atención, puedes encontrar formas de satisfacerla de una manera que también te beneficie. Escuchar también demuestra respeto y crea un ambiente de confianza, lo cual es crucial para una negociación exitosa.

La comunicación clara es otro aspecto fundamental. Los millonarios no usan palabras confusas ni tratan de manipular con trucos baratos. Son directos y honestos acerca de lo que quieren y lo que están ofreciendo. Esto no solo hace que la negociación sea más eficiente, sino que también les ayuda a construir una reputación como personas confiables. Una vez que alguien confía en ti, estará mucho más dispuesto a llegar a un acuerdo que funcione para ambos.

También es importante ser flexible. Los millonarios entienden que una negociación no siempre sale exactamente como la planearon. Si bien tienen sus objetivos claros, también están dispuestos a adaptarse si surge una oportunidad inesperada o si enfrentan un obstáculo. La flexibilidad no significa ceder en todo, sino estar dispuesto a explorar opciones creativas que puedan beneficiar a ambas partes. Esta capacidad de pensar de manera innovadora es lo que a menudo les da la ventaja en una negociación.

La paciencia es otra cualidad que los millonarios llevan a la mesa. Saben que las mejores negociaciones no se resuelven apresuradamente. Están dispuestos a tomarse el tiempo necesario para analizar cada oferta y contraoferta, y nunca dejan que la presión los lleve a tomar decisiones impulsivas. En lugar de actuar con prisa, se enfocan en mantener la calma y evaluar cuidadosamente todas las posibilidades. Este enfoque sereno no solo les ayuda a tomar mejores decisiones, sino que también les da una ventaja psicológica, ya que la otra parte percibe su confianza y seguridad.

Una táctica que muchos millonarios usan es centrarse en el valor, no solo en el precio. Por ejemplo, si están negociando un contrato, no solo hablan del costo, sino de todo lo que pueden ofrecer en términos de calidad, experiencia y beneficios adicionales. De esta manera, convierten la conversación en algo más amplio que simplemente discutir números. Este enfoque les permite demostrar por qué su oferta es más valiosa, incluso si el precio es más alto.

Los millonarios también saben cuándo es momento de retirarse. No todas las negociaciones terminarán en un acuerdo, y eso está bien. Lo importante es reconocer cuándo un trato simplemente no vale la pena. Puede ser porque las condiciones no son favorables o porque la otra parte no está dispuesta a colaborar. En esos casos, retirarse no es un fracaso, sino una decisión estratégica. Es mejor dejar pasar una oportunidad que podría ser perjudicial a largo plazo que aceptar un acuerdo por desesperación.

Finalmente, los millonarios siempre buscan dejar una buena impresión al final de la negociación, sin importar el resultado. Incluso si no se llega a un acuerdo, se aseguran de que la otra parte se sienta respetada y valorada. Nunca saben cuándo podrían cruzarse con esa persona en el futuro, y mantener relaciones positivas siempre es una inversión inteligente. Además, cerrar con una nota positiva puede dejar la puerta abierta para futuras colaboraciones.

Negociar como un maestro no es algo que se aprenda de la noche a la mañana, pero es una habilidad que se puede desarrollar con práctica y paciencia. Si quieres negociar como lo hacen los millonarios, comienza por prepararte bien, escucha más de lo que hablas, sé claro en tu comunicación y enfócate en el valor que puedes aportar. Recuerda que una negociación no es una batalla; es una oportunidad para construir algo juntos. Al final, los mejores negociadores son aquellos que saben cómo crear acuerdos que beneficien a todos y que fortalezcan las relaciones a largo plazo.

Delegar y Construir Equipos de Élite

Delegar y construir equipos de élite es una de las estrategias más importantes que los millonarios aplican para alcanzar y mantener el éxito. Aunque muchos comienzan como individuos resolviendo problemas y construyendo negocios, en algún punto se dan cuenta de que no pueden hacerlo todo por sí mismos. La clave para escalar cualquier negocio o proyecto es aprender a delegar y rodearse de personas altamente capaces que no solo compartan la visión, sino que también aporten habilidades complementarias.

Delegar no es simplemente decirle a alguien más que haga algo. Es una habilidad que requiere confianza, claridad y planificación. Los millonarios no ven la delegación como una forma de deshacerse de tareas aburridas, sino como una manera de liberar tiempo para enfocarse en las cosas que solo ellos pueden hacer. Por ejemplo, un emprendedor exitoso sabe que debe delegar tareas como la administración diaria o la logística a expertos en esas áreas, mientras ellos se enfocan en la visión general del negocio o en cerrar acuerdos importantes.

El primer paso para delegar efectivamente es identificar las tareas que pueden y deben ser realizadas por otras personas. Los millonarios hacen una lista de todo lo que hacen en su día y analizan cuáles de esas actividades realmente necesitan de su atención directa. Luego, buscan a alguien que no solo pueda hacer esa tarea, sino que probablemente lo haga mejor que ellos. No tienen miedo de rodearse de personas más talentosas en áreas específicas porque entienden que el éxito es un esfuerzo de equipo.

Una vez que encuentran a la persona adecuada para el trabajo, los millonarios son claros al comunicar lo que necesitan. Explican el objetivo, el resultado esperado y cualquier detalle importante. No dejan espacio para confusiones porque saben que la falta de claridad puede llevar a errores costosos. Al mismo tiempo, no microgestionan. Permiten que las personas hagan su trabajo de la manera que consideren más eficiente, siempre que cumplan con el resultado esperado. Esto no solo genera mejores resultados, sino que también motiva a los miembros del equipo al darles autonomía y responsabilidad.

Construir equipos de élite requiere más que solo contratar a las personas con los currículums más impresionantes. Los millonarios buscan a personas que se alineen con sus valores, que estén comprometidas con la visión del negocio y que tengan una actitud de crecimiento. Un equipo de élite no se define solo por las habilidades técnicas, sino por la mentalidad. Ellos saben que un equipo motivado, cohesionado y orientado a resultados es mucho más poderoso que un grupo de personas talentosas pero desconectadas.

Otra cosa que los millonarios entienden bien es la importancia de invertir en su equipo. Esto no solo significa pagar buenos salarios, sino también brindarles herramientas, formación y oportunidades para crecer. Cuando los miembros del equipo sienten que están siendo valorados y que su desarrollo importa, trabajan con más pasión y lealtad. Los millonarios ven a su equipo como una inversión a largo plazo, no como un gasto. Saben que un equipo fuerte puede llevar su negocio mucho más lejos de lo que podrían lograr solos.

La confianza es otro pilar fundamental al construir equipos de élite. Los millonarios entienden que, para que alguien dé lo mejor de sí, necesita sentir que confían en él. Esto no significa ser ingenuo o dejar pasar errores graves, sino dar a las personas el espacio para demostrar su capacidad y aprender de sus equivocaciones. La confianza genera lealtad y fomenta un ambiente donde todos están dispuestos a esforzarse más porque saben que son valorados.

Por último, los millonarios son conscientes de que un equipo de élite no es estático. Siempre están buscando formas de mejorar, ya sea incorporando nuevos talentos, desarrollando a los miembros actuales o ajustando la dinámica del equipo según las necesidades del negocio. También saben cuándo es el momento de dejar ir a alguien que no encaja con la visión o los valores del grupo. Aunque puede ser una decisión difícil, priorizan el bienestar y la eficiencia del equipo en general.

En esencia, delegar y construir equipos de élite no se trata solo de repartir tareas o contratar a las personas más brillantes. Se trata de crear una cultura de confianza, compromiso y excelencia. Los millonarios saben que su éxito no depende únicamente de lo que ellos puedan hacer, sino de lo que puedan lograr con el apoyo de un equipo fuerte. Al final, ningún imperio se construye solo, y los mejores líderes son aquellos que saben rodearse de las personas adecuadas para alcanzar metas extraordinarias juntos.

Diversificación

La diversificación es uno de los conceptos más importantes que los millonarios aplican cuando construyen y protegen su riqueza. En términos simples, diversificar significa no poner todos los huevos en una sola canasta. Es una estrategia que reduce el riesgo al distribuir los recursos en diferentes áreas, inversiones o negocios. Esto no solo protege su dinero en caso de que algo salga mal, sino que también abre la puerta a múltiples fuentes de ingresos y oportunidades de crecimiento. Los millonarios entienden que el mundo de los negocios y las inversiones es incierto, y la diversificación es su seguro contra lo inesperado.

El principio básico de la diversificación es evitar la dependencia de una sola fuente de ingresos o de una sola industria. Los millonarios saben que las cosas pueden cambiar rápidamente en el mercado. Una empresa que hoy parece sólida podría enfrentarse a problemas inesperados mañana, o una industria en auge podría volverse obsoleta en unos años. Para protegerse de estos riesgos, distribuyen su dinero en diferentes tipos de activos, como bienes raíces, acciones, bonos, empresas propias y, en algunos casos, startups o tecnología emergente. Cada uno de estos sectores tiene sus propias características y responde de manera diferente a los cambios en la economía.

Un ejemplo claro es la inversión en bienes raíces. Los millonarios no solo compran propiedades para vivir, sino que también invierten en propiedades que generen ingresos, como alquileres o proyectos comerciales. Al mismo tiempo, pueden tener inversiones en el mercado de valores, donde compran acciones de empresas que operan en sectores completamente distintos, como tecnología, salud o energía. De esta manera, si un sector tiene un mal desempeño, las pérdidas pueden ser compensadas por los rendimientos de otro sector.

Sin embargo, la diversificación no se trata solo de repartir dinero al azar. Los millonarios investigan cuidadosamente cada inversión antes de comprometerse. Estudian los riesgos, las tendencias del mercado y las oportunidades de crecimiento. También buscan asesoramiento de expertos para tomar decisiones informadas. Entienden que la diversificación no elimina completamente el riesgo, pero lo reduce significativamente al garantizar que no todas sus inversiones dependan de las mismas condiciones económicas.

La diversificación también se aplica a los negocios. Los millonarios que dirigen empresas exitosas suelen expandirse a otras áreas relacionadas o completamente diferentes. Por ejemplo, un empresario que tiene una cadena de restaurantes podría decidir invertir en agricultura para controlar la cadena de suministro, o en tecnología para mejorar la experiencia del cliente. Esta diversificación en los negocios no solo reduce el riesgo, sino que también crea sinergias que pueden beneficiar a todas las áreas de su empresa.

Otra forma en que los millonarios diversifican es a nivel internacional. No limitan sus inversiones o negocios a un solo país, porque saben que las economías locales pueden ser inestables. Al invertir en diferentes mercados internacionales, protegen su riqueza de problemas económicos específicos de una región.

Además, esto les permite aprovechar oportunidades únicas en otros países, como tecnologías emergentes, mano de obra más económica o mercados con menos competencia.

Un aspecto interesante de la diversificación es que no siempre se trata solo de dinero. Los millonarios también diversifican su tiempo y energía. Entienden que depender exclusivamente de un solo proyecto o actividad puede ser agotador y arriesgado. Por eso, buscan equilibrar su tiempo entre diferentes proyectos, hobbies y relaciones. Este enfoque no solo los hace más productivos, sino que también les ayuda a mantenerse motivados y abiertos a nuevas ideas.

Es importante destacar que la diversificación no significa dispersión. Los millonarios no invierten en todo lo que aparece frente a ellos. Son selectivos y estratégicos. Analizan cada oportunidad para asegurarse de que encaje con sus objetivos y su tolerancia al riesgo. También hacen un seguimiento constante de sus inversiones y ajustan su portafolio según las condiciones del mercado. Si algo ya no está funcionando o si surge una mejor oportunidad, no dudan en cambiar de rumbo.

En resumen, diversificar es una estrategia que todo millonario adopta para proteger y hacer crecer su riqueza. No se trata solo de repartir el dinero en diferentes lugares, sino de hacerlo de manera estratégica y bien pensada. Al distribuir sus recursos en múltiples áreas, reducen el riesgo y aumentan sus posibilidades de éxito. La diversificación es una lección que todos podemos aplicar en nuestra vida, incluso si no somos millonarios. Ya sea que estemos manejando nuestro dinero, nuestro tiempo o nuestros proyectos, tener opciones y no depender de una sola cosa nos da estabilidad y abre las puertas a más oportunidades.

Oportunidades Invisibles

Las oportunidades invisibles son aquellas que están frente a todos, pero que muy pocos logran ver. Los millonarios tienen una habilidad especial para detectarlas porque han entrenado su mente para observar el mundo de manera diferente. Donde otros ven problemas, ellos ven soluciones; donde otros ven obstáculos, ellos ven caminos alternativos. Esta capacidad no es magia ni un talento innato, sino el resultado de una mentalidad abierta, curiosidad constante y la voluntad de analizar las cosas desde una perspectiva única.

Para entender cómo detectar oportunidades invisibles, es importante comprender primero por qué muchas personas no las ven. La mayoría de las veces, estamos tan enfocados en lo que hacemos día a día que no nos detenemos a observar el panorama general. Nos acostumbramos a aceptar las cosas tal como son y no cuestionamos si podrían ser diferentes. Los millonarios, por otro lado, siempre están haciendo preguntas: ¿Por qué esto funciona así? ¿Cómo podría ser mejor? ¿Qué problemas enfrenta la gente que nadie está resolviendo? Estas preguntas son el punto de partida para encontrar oportunidades que otros pasan por alto.

Un ejemplo común de una oportunidad invisible es identificar necesidades no satisfechas en un mercado. Los millonarios prestan atención a los comentarios de las personas, a las quejas, a las dificultades que enfrentan en su vida diaria. Estas quejas son señales de que algo puede ser mejorado o creado desde cero. Por ejemplo, si escuchan a menudo que las personas están frustradas porque los servicios de entrega son lentos, podrían considerar crear un sistema más eficiente. Este enfoque no solo requiere escuchar, sino también conectar los puntos para ver cómo resolver ese problema de manera rentable.

Otra forma de encontrar oportunidades invisibles es observar industrias o mercados que están en crecimiento o cambio. Los millonarios no solo miran lo que está funcionando ahora, sino lo que podría ser importante en el futuro. Esto requiere estar informado, leer, investigar y estar atentos a las tendencias. Por ejemplo, antes de que la tecnología de autos eléctricos explotara, algunos visionarios ya estaban invirtiendo en ella porque veían el potencial a largo plazo. Estas oportunidades no siempre son obvias al principio, pero quienes las detectan temprano son los que cosechan los mayores beneficios.

Además, los millonarios son expertos en identificar el valor en cosas que otros consideran poco atractivas o irrelevantes. Por ejemplo, pueden ver un edificio viejo y descuidado y, en lugar de descartarlo, pensar en cómo podrían renovarlo y convertirlo en un negocio rentable. Pueden mirar una pequeña empresa en dificultades y preguntarse si, con algunos cambios, podría ser transformada en un éxito. Esta habilidad para ver el potencial donde otros ven fracaso es lo que los distingue.

También es importante mencionar que las oportunidades invisibles no siempre están en áreas completamente nuevas. Muchas veces están en mejorar algo que ya existe. Por ejemplo, un producto popular puede ser perfeccionado, un servicio puede ser hecho más accesible o una experiencia puede ser optimizada para los clientes. Los millonarios saben que no siempre es necesario inventar algo desde cero; a veces, basta con hacer algo mejor o más eficiente.

El miedo al riesgo es otro factor que hace que muchas personas no vean las oportunidades invisibles. Los millonarios entienden que toda oportunidad tiene cierto grado de incertidumbre, pero no dejan que eso los detenga. En lugar de temer el fracaso, analizan los riesgos de manera calculada y toman decisiones informadas. Saben que incluso si fallan, cada intento les enseña algo valioso que pueden usar en el futuro. Esta mentalidad los impulsa a explorar ideas que otros evitarían por temor a equivocarse.

Por último, los millonarios no trabajan solos en su búsqueda de oportunidades. A menudo, se rodean de personas con diferentes perspectivas y experiencias. Saben que una idea puede parecer invisible para una persona, pero obvia para otra. Escuchar a otros, colaborar y compartir ideas puede ser la clave para descubrir esas oportunidades ocultas.

En resumen, las oportunidades invisibles están en todas partes, pero requieren una mentalidad diferente para ser vistas. Se trata de abrir los ojos, hacer preguntas, observar tendencias, escuchar problemas y estar dispuesto a asumir riesgos calculados. Los millonarios han aprendido que el mundo está lleno de posibilidades para quienes saben mirar más allá de lo evidente. Si entrenas tu mente para pensar como ellos, descubrirás que las oportunidades que buscas han estado frente a ti todo el tiempo, esperando a que alguien las aproveche.

Adaptarse al Cambio

Adaptarse al cambio es una de las habilidades más importantes que los millonarios desarrollan a lo largo de su vida. El mundo está en constante movimiento, y nada permanece igual por mucho tiempo. La tecnología avanza, los mercados cambian, las preferencias de los clientes evolucionan y surgen nuevas oportunidades mientras otras desaparecen. Los millonarios no solo aceptan esta realidad, sino que la abrazan como parte de su estrategia. Saben que resistirse al cambio es una forma segura de quedarse atrás, mientras que adaptarse a él es una vía para mantenerse relevantes y exitosos.

Adaptarse al cambio no significa simplemente reaccionar a lo que ocurre. Para los millonarios, se trata de anticiparse a los cambios antes de que ocurran y prepararse para ellos. Esto requiere estar informado y alerta. Por ejemplo, un empresario que nota que las compras en línea están aumentando exponencialmente no esperará a que su negocio físico pierda clientes. En lugar de eso, buscará integrar el comercio electrónico antes de que el cambio lo afecte de manera negativa. Esta capacidad de adelantarse a los acontecimientos les permite no solo sobrevivir, sino prosperar en tiempos de transformación.

Otra forma en la que los millonarios se adaptan al cambio es aceptando que el fracaso es parte del proceso. No todas las estrategias funcionan, y no todos los cambios traen resultados positivos al instante. Pero en lugar de ver el fracaso como un obstáculo, lo consideran una oportunidad para aprender y ajustar su enfoque. Por ejemplo, si una nueva estrategia de marketing no produce las ventas esperadas, no insisten en ella por orgullo. En cambio, analizan lo que salió mal, hacen los ajustes necesarios y vuelven a intentarlo con una mejor perspectiva. Esta flexibilidad mental les permite avanzar mientras otros se quedan atrapados en sus errores.

La capacidad de adaptarse al cambio también requiere una mentalidad abierta. Los millonarios no se aferran a viejas ideas o formas de hacer las cosas solo porque les funcionaron en el pasado. Entienden que lo que fue efectivo ayer puede no ser relevante mañana. Esto es especialmente evidente en industrias tecnológicas, donde las innovaciones surgen rápidamente y las empresas deben evolucionar constantemente para mantenerse competitivas. Incluso en negocios más tradicionales, la disposición para cambiar puede marcar la diferencia entre el éxito y el fracaso. Los millonarios están dispuestos a dejar de lado lo que ya no funciona y adoptar nuevas ideas, aunque inicialmente puedan parecer desafiantes.

Además, los millonarios no ven el cambio como algo que deben enfrentar solos. Reconocen la importancia de rodearse de personas que también estén dispuestas a evolucionar y aprender. Sus equipos están formados por individuos que aportan nuevas perspectivas y habilidades que complementan las suyas. Esto les permite abordar los cambios desde diferentes ángulos y encontrar soluciones innovadoras. Por ejemplo, un empresario que enfrenta la transición hacia la inteligencia artificial buscará contratar expertos en tecnología que puedan guiar su empresa a través del proceso, asegurándose de que el cambio sea fluido y exitoso.

Una de las claves para adaptarse al cambio es mantenerse enfocado en el propósito a largo plazo. Los millonarios tienen una visión clara de lo que quieren lograr y entienden que los cambios son solo parte del viaje hacia ese objetivo. Esto les ayuda a no perder la dirección cuando las cosas se complican. Por ejemplo, un empresario que quiere construir una marca global puede enfrentarse a cambios en las leyes internacionales, fluctuaciones económicas o nuevas expectativas de los consumidores. En lugar de desanimarse, ajustará su estrategia sin perder de vista su meta principal.

El miedo al cambio es algo que muchos sienten, pero los millonarios lo enfrentan de manera diferente. No ven el cambio como una amenaza, sino como una oportunidad para crecer. Saben que quedarse en su zona de confort puede ser tentador, pero también limitante. Por eso, aunque el cambio puede ser incómodo al principio, lo aceptan como una parte inevitable del éxito. Esta actitud les permite no solo adaptarse, sino también aprovechar el cambio como una ventaja competitiva.

En resumen, adaptarse al cambio es una habilidad esencial que diferencia a los millonarios de quienes se quedan atrás. Requiere una mentalidad abierta, la capacidad de aprender del fracaso, la disposición para dejar atrás lo que ya no funciona y el compromiso de mantenerse enfocado en los objetivos a largo plazo. Los millonarios saben que el cambio no es algo que deba temerse, sino algo que debe aprovecharse. En un mundo en constante evolución, quienes se adaptan no solo sobreviven, sino que prosperan. Si desarrollas esta habilidad, estarás más preparado para enfrentar cualquier desafío que se presente en tu camino hacia el éxito.

Tomar Decisiones Basadas en Datos

Tomar decisiones basadas en datos es una de las estrategias más efectivas que los millonarios utilizan para construir y mantener su éxito. En lugar de depender únicamente de la intuición o de suposiciones, prefieren trabajar con información concreta y verificable que les permita evaluar las situaciones con claridad. Esto no significa que la intuición no tenga un lugar en los negocios, pero cuando se combina con datos sólidos, las decisiones son mucho más precisas y confiables.

El primer paso para tomar decisiones basadas en datos es recopilar información relevante. Los millonarios no toman decisiones a ciegas; siempre buscan entender el panorama completo. Por ejemplo, si están considerando lanzar un nuevo producto, no se basan solo en su entusiasmo por la idea. En su lugar, analizan el mercado, investigan la demanda, estudian a la competencia y recopilan datos sobre los hábitos de consumo de sus clientes. Cuantos más datos tengan, más informada será su decisión.

Una vez que tienen los datos, el siguiente paso es analizarlos. Aquí es donde muchos fallan, porque recopilar información no sirve de nada si no se interpreta correctamente. Los millonarios saben cómo encontrar patrones y tendencias en los números. Por ejemplo, si están viendo una caída en las ventas, no solo se enfocan en el resultado negativo. En su lugar, investigan las causas detrás de esa caída. Podrían descubrir que las ventas disminuyen en ciertas temporadas, que hay problemas con la distribución o que los clientes prefieren un producto de la competencia. Este análisis detallado les permite tomar medidas específicas para abordar el problema en lugar de hacer cambios al azar.

Otro aspecto importante de tomar decisiones basadas en datos es medir el impacto de las decisiones anteriores. Los millonarios no solo toman una decisión y la dejan en el pasado; siempre revisan los resultados para determinar si fue la correcta. Si los datos muestran que una estrategia está funcionando, la duplican. Si no, analizan qué salió mal y ajustan su enfoque. Este ciclo constante de decisión, evaluación y ajuste es lo que les permite mejorar continuamente y mantenerse por delante de la competencia.

Es importante mencionar que los datos no siempre tienen que ser complejos o técnicos. A veces, la información más útil puede ser muy sencilla. Por ejemplo, una encuesta a los clientes puede revelar qué aspectos de un producto necesitan mejoras. Un análisis de las redes sociales puede mostrar qué tipo de contenido genera más interacción. Incluso observar cómo se comportan los clientes en una tienda física puede proporcionar pistas valiosas sobre cómo optimizar el diseño del espacio o la ubicación de los productos.

Otro punto clave es que tomar decisiones basadas en datos no significa ignorar la creatividad. Los millonarios saben que los datos son una herramienta, no una restricción. Los datos les proporcionan una base sólida sobre la cual pueden construir ideas innovadoras. Por ejemplo, si un empresario observa que sus clientes prefieren opciones más personalizadas, podría utilizar esa información para desarrollar un nuevo servicio que combine personalización con tecnología avanzada.

La tecnología ha hecho que sea más fácil que nunca recopilar y analizar datos. Los millonarios aprovechan herramientas como análisis de datos, inteligencia artificial y plataformas de gestión empresarial para tomar decisiones más rápidas y acertadas. Estas herramientas no solo les permiten ver qué está funcionando en tiempo real, sino también predecir tendencias futuras. Por ejemplo, un empresario que utiliza análisis predictivo puede anticiparse a un aumento en la demanda de un producto y prepararse para satisfacerla antes de que ocurra.

Sin embargo, también es crucial no obsesionarse con los datos hasta el punto de paralizarse. Los millonarios saben que ningún conjunto de datos es perfecto y que, en algún momento, hay que actuar. La clave está en encontrar un equilibrio: recopilar suficiente información para tomar una decisión informada, pero no tanta que se pierda el impulso de actuar. Saben que incluso con los mejores datos, siempre habrá incertidumbre, y estar dispuestos a asumir riesgos calculados es parte del proceso.

Finalmente, los millonarios entienden que los datos son una forma de minimizar los errores, pero no de eliminarlos por completo. Siempre habrá variables fuera de su control, pero al basar sus decisiones en información concreta, aumentan significativamente sus posibilidades de éxito. Además, saben que cada decisión, ya sea buena o mala, les proporciona más datos para el futuro. En este sentido, el aprendizaje constante es una parte fundamental de su enfoque.

En resumen, tomar decisiones basadas en datos es una práctica que permite a los millonarios actuar con mayor precisión, reducir riesgos y maximizar resultados. No se trata de complicarse con números, sino de usar la información de manera estratégica para tomar decisiones inteligentes. Si adoptas este enfoque, verás que tus decisiones tendrán más impacto y que estarás mejor preparado para enfrentar los desafíos del mundo de los negocios.

Disciplina Financiera

La disciplina financiera es uno de los pilares fundamentales en la vida de los millonarios. No se trata solo de ganar dinero, sino de cómo manejarlo de manera inteligente, constante y estratégica. A menudo, las personas creen que los millonarios gastan sin preocuparse porque tienen grandes cantidades de dinero, pero la realidad es completamente diferente. Su riqueza no es resultado de la suerte o del despilfarro, sino de una planificación cuidadosa y de hábitos financieros sólidos que practican todos los días.

El primer principio de la disciplina financiera es gastar menos de lo que se gana. Aunque parece simple, muchas personas fallan en este punto básico. Los millonarios entienden que no importa cuánto dinero entre en su cuenta, siempre hay que mantener un margen para ahorrar e invertir. No viven para impresionar a otros con lujos innecesarios; en cambio, priorizan lo que realmente agrega valor a sus vidas y a sus negocios. Por ejemplo, un empresario exitoso puede permitirse un auto de lujo, pero si ese auto no tiene un propósito específico, preferirá usar ese dinero para invertir en algo que genere más ingresos.

Otro aspecto clave de la disciplina financiera es tener un control detallado de los ingresos y los gastos. Los millonarios no dejan sus finanzas al azar. Mantienen un registro preciso de cuánto ganan, en qué gastan y cuánto ahorran. Este hábito no solo les permite saber exactamente dónde está su dinero, sino que también les ayuda a identificar oportunidades para mejorar. Por ejemplo, si notan que están gastando demasiado en un área que no es esencial, hacen ajustes para redirigir esos recursos hacia algo más productivo.

La disciplina financiera también implica construir un fondo de emergencia. Los millonarios saben que la vida está llena de imprevistos y que es crucial estar preparados. Este fondo no es para inversiones ni para gastos diarios, sino para cubrir situaciones inesperadas como una crisis económica, un problema de salud o cualquier otro evento que pueda afectar su flujo de ingresos. Tener este respaldo les da tranquilidad y les permite seguir adelante sin tomar decisiones apresuradas o arriesgadas.

Además, los millonarios entienden la importancia de evitar deudas innecesarias. No es que nunca usen el crédito, pero lo hacen de manera estratégica. Por ejemplo, podrían pedir un préstamo para invertir en un negocio que genere ingresos, pero jamás utilizarían el crédito para financiar un estilo de vida que no pueden pagar. Para ellos, las deudas son herramientas que deben manejarse con cuidado, no cadenas que limiten su libertad financiera.

Otra práctica común entre los millonarios es la inversión constante. No guardan todo su dinero en cuentas de ahorro donde pierde valor con el tiempo debido a la inflación. En cambio, buscan formas de hacer que su dinero trabaje para ellos. Invierten en bienes raíces, acciones, negocios y otras oportunidades que les generen ingresos pasivos. Sin embargo, estas inversiones no son impulsivas; están respaldadas por análisis y un profundo entendimiento del mercado. Esta es una forma de disciplina que requiere paciencia y un enfoque a largo plazo.

La disciplina financiera también se extiende a establecer metas claras. Los millonarios no solo ahorran e invierten sin un propósito definido; tienen objetivos específicos que quieren alcanzar. Por ejemplo, pueden establecer una meta de ahorrar una cantidad determinada para reinvertirla en su negocio o para asegurar su jubilación. Tener estas metas les da un sentido de dirección y les ayuda a mantenerse enfocados en sus prioridades financieras.

Un punto que no se puede pasar por alto es que la disciplina financiera no significa ser tacaño. Los millonarios entienden el valor de gastar en lo que importa, ya sea en educación, en experiencias que enriquezcan sus vidas o en causas benéficas. Saben que el dinero es una herramienta, no un fin en sí mismo. Esta mentalidad equilibrada les permite disfrutar de su éxito sin perder de vista la importancia de mantener una gestión responsable de sus finanzas.

La disciplina financiera también requiere un cambio de mentalidad. Muchas personas ven el dinero como algo que está fuera de su control, pero los millonarios entienden que son ellos quienes deben tomar el control.

Esto significa educarse continuamente sobre temas financieros, buscar asesoramiento cuando sea necesario y estar dispuestos a aprender de los errores. No se dejan llevar por impulsos o emociones cuando se trata de dinero; siempre toman decisiones basadas en lógica y hechos.

Finalmente, la disciplina financiera es un hábito que se construye con el tiempo. Los millonarios no nacen con esta habilidad; la desarrollan a través de la práctica constante y la autodisciplina. Saben que cada pequeño esfuerzo cuenta y que los hábitos que adoptan hoy tendrán un impacto significativo en su futuro financiero. Este enfoque les permite construir y mantener su riqueza de manera sostenible, sin importar las circunstancias externas.

En resumen, la disciplina financiera es la base sobre la cual los millonarios construyen su éxito. Implica gastar menos de lo que se gana, tener un control estricto de los ingresos y gastos, evitar deudas innecesarias, invertir de manera inteligente y establecer metas claras. Es un hábito que requiere compromiso, pero que ofrece enormes recompensas a largo plazo. Si adoptas este enfoque en tu propia vida, estarás en el camino correcto para alcanzar una estabilidad financiera y, con el tiempo, el éxito económico que deseas.

Networking

El networking es una de las herramientas más poderosas que los millonarios utilizan para construir su éxito. No importa qué tan inteligente, trabajador o talentoso seas, las conexiones que tengas pueden abrir puertas que de otra manera permanecerían cerradas. Para los millonarios, el networking no es solo asistir a eventos y repartir tarjetas de presentación; es una estrategia deliberada para crear relaciones significativas y mutuamente beneficiosas.

La base del networking efectivo está en entender que no se trata de ti, sino de las otras personas. Los millonarios saben que la clave para construir relaciones sólidas es aportar valor antes de pedir algo a cambio. Por ejemplo, si conocen a alguien que puede ser útil para su negocio, no comienzan pidiendo un favor. En su lugar, buscan formas de ayudar a esa persona primero. Puede ser algo tan simple como presentarles a otra persona que les interese o compartir un recurso útil. Este enfoque crea una relación de confianza y reciprocidad desde el principio.

El networking también requiere salir de la zona de confort. Muchos millonarios no son naturalmente extrovertidos, pero entienden que construir una red sólida es fundamental para su éxito. Por eso, hacen un esfuerzo consciente por asistir a eventos, hablar con personas nuevas y mantener el contacto con quienes ya conocen. No esperan a que las oportunidades lleguen a ellos; las buscan activamente. Este nivel de proactividad es lo que marca la diferencia entre quienes solo acumulan contactos y quienes construyen relaciones verdaderamente útiles.

Una lección importante sobre el networking es que la calidad siempre supera a la cantidad. Los millonarios no buscan acumular miles de contactos superficiales. Prefieren tener un círculo más pequeño de personas con quienes tienen una conexión real y en quienes pueden confiar. Por ejemplo, un empresario exitoso puede tener solo un puñado de socios estratégicos, pero sabe que estas relaciones son profundas y ofrecen un valor inmenso tanto personal como profesionalmente. Esto no significa ignorar nuevas conexiones, sino enfocarse en nutrir las que realmente importan.

El seguimiento es otro aspecto crucial del networking. No basta con conocer a alguien una vez y asumir que ya tienes una relación. Los millonarios son muy buenos para mantenerse en contacto con las personas que conocen. Esto no significa enviar mensajes constantemente, sino encontrar formas auténticas de mantener la relación viva. Pueden enviar un correo para felicitar a alguien por un logro, compartir un artículo que creen que puede interesarles o simplemente preguntar cómo están. Estos pequeños gestos crean una impresión duradera y fortalecen la conexión.

Otro punto importante es que el networking no siempre ocurre en eventos formales. Los millonarios entienden que cada interacción es una oportunidad para conectar. Puede ser en un avión, en un café o incluso en una reunión casual. Lo importante es estar abierto y preparado para interactuar con nuevas personas en cualquier momento. Esto significa escuchar activamente, mostrar interés genuino y estar dispuesto a compartir algo de ti mismo.

La autenticidad es un aspecto que no se puede subestimar. Los millonarios saben que las personas pueden detectar rápidamente cuando alguien solo está interesado en lo que pueden obtener de ellos. Por eso, se esfuerzan por ser sinceros en sus interacciones. Esto no solo les ayuda a construir relaciones más sólidas, sino que también les da una reputación de integridad y confiabilidad, que es invaluable en el mundo de los negocios.

Además, los millonarios ven el networking como una inversión a largo plazo. No esperan resultados inmediatos de cada conexión que hacen. Entienden que algunas relaciones pueden tardar meses o incluso años en dar frutos. Pero cuando invierten tiempo y esfuerzo en construir una red sólida, saben que eventualmente las oportunidades aparecerán. Esta paciencia es lo que diferencia a quienes ven el networking como una tarea y a quienes lo ven como una estrategia de vida.

La tecnología también juega un papel crucial en el networking moderno. Los millonarios utilizan herramientas como LinkedIn, correos electrónicos y redes sociales para mantener el contacto y expandir su red. Pero incluso con toda la tecnología disponible, saben que nada reemplaza el poder de una conversación cara a cara. Por eso, siempre buscan combinar el networking digital con el personal, asegurándose de construir relaciones que sean genuinas y significativas.

Por último, los millonarios entienden que el networking es una calle de doble sentido. No se trata solo de recibir, sino también de dar. Están dispuestos a compartir su tiempo, conocimiento y recursos con otros, no porque esperan algo a cambio de inmediato, sino porque saben que ayudar a los demás es una forma de fortalecer su red y su reputación. Este enfoque generoso crea un ecosistema de apoyo mutuo donde todos pueden prosperar.

En resumen, el networking es mucho más que acumular contactos. Es un proceso continuo de construir relaciones auténticas, aportar valor y mantenerse conectado con las personas que pueden influir positivamente en tu vida y en tus negocios. Si adoptas este enfoque, no solo tendrás una red más sólida, sino que también abrirás las puertas a oportunidades que nunca imaginaste. El networking, cuando se hace bien, no solo es una estrategia de negocios, sino una forma de enriquecer tu vida en todos los sentidos.

Pensar en Grande, Actuar en Pequeño

Pensar en grande y actuar en pequeño es una filosofía que los millonarios aplican para convertir sueños ambiciosos en realidades alcanzables. Esta mentalidad combina la visión de un futuro grandioso con la disciplina de tomar pequeños pasos diarios que llevan hacia ese objetivo. Es la fórmula que les permite manejar proyectos monumentales sin sentirse abrumados, manteniéndose enfocados en lo que realmente importa.

Pensar en grande significa no limitarse por las circunstancias actuales. Los millonarios visualizan su éxito de manera audaz. Si quieren construir una empresa global, no se detienen pensando en los recursos que no tienen ahora; en cambio, se concentran en lo que podrían lograr si alcanzan su máximo potencial. Este tipo de pensamiento los lleva a imaginar oportunidades que otros pasan por alto, porque no temen soñar en grande. Para ellos, soñar en pequeño es igual de difícil que soñar en grande, así que prefieren apuntar a lo más alto.

Pero mientras mantienen esta visión amplia, también saben que no se puede alcanzar algo inmenso de un solo salto. Aquí entra la importancia de actuar en pequeño. Actuar en pequeño no significa pensar de forma limitada, sino dividir una meta grande en tareas más manejables. Por ejemplo, si quieren construir una empresa que facture millones, no comienzan intentando abarcar todo de una vez. Primero se enfocan en crear un producto sólido, luego en conseguir los primeros clientes y, después, en escalar el negocio. Cada acción está diseñada para acercarlos un poco más a su gran visión.

Esta combinación de pensamiento grande y acción pequeña también les ayuda a gestionar el riesgo. Imagina que un millonario tiene una idea para un nuevo producto revolucionario. En lugar de invertir todos sus recursos de inmediato, comienza con un prototipo sencillo para probar si la idea funciona. Si tiene éxito, entonces invierte más. Este enfoque evita que pierdan grandes cantidades de dinero y energía en ideas que podrían no funcionar, mientras les permite avanzar con confianza en aquellas que tienen potencial.

Otro aspecto importante es que actuar en pequeño fomenta la constancia. A veces, las metas grandes pueden sentirse inalcanzables, y esto lleva a muchas personas a abandonar antes de empezar. Los millonarios evitan este problema enfocándose en las acciones diarias. Saben que no necesitan construir un imperio en un día, pero sí necesitan hacer algo cada día que los acerque a su meta. Este hábito de progreso constante es lo que, con el tiempo, transforma pequeños logros en grandes resultados.

Pensar en grande y actuar en pequeño también implica aprender y adaptarse en el camino. Los millonarios entienden que no tienen todas las respuestas desde el principio. Por eso, mientras persiguen sus metas, usan cada paso como una oportunidad para aprender. Si algo no funciona, ajustan su estrategia. Si algo da buenos resultados, lo amplían. Este enfoque les permite mejorar continuamente y asegurarse de que están avanzando en la dirección correcta.

Un ejemplo clásico de esta filosofía es cómo muchos millonarios comienzan sus negocios desde cero. En lugar de esperar a tener todo perfecto, lanzan una versión básica de su idea. Quizás no sea la versión más impresionante, pero les permite entrar al mercado, recibir comentarios y mejorar. Este proceso incremental los ayuda a llegar a su visión final sin paralizarse por la perfección.

Además, actuar en pequeño no significa pensar en términos de escasez. Los millonarios siempre tienen la mentalidad de que cada acción pequeña tiene el potencial de multiplicarse. Una inversión inicial puede parecer modesta, pero si se reinvierte continuamente, crece exponencialmente. Esto se aplica no solo al dinero, sino también al tiempo, la energía y las relaciones. Saben que lo que comienza como un pequeño paso puede desencadenar una cadena de eventos que los lleve mucho más lejos de lo que imaginaron.

También es importante mencionar que esta filosofía no es solo para los negocios. Pensar en grande y actuar en pequeño se puede aplicar a cualquier aspecto de la vida. Si alguien quiere mejorar su salud, no necesita intentar hacer cambios radicales de la noche a la mañana. Puede comenzar con algo tan sencillo como caminar diez minutos al día o cambiar una comida poco saludable por una opción más nutritiva. Con el tiempo, estos pequeños cambios se suman y generan un impacto significativo.

Finalmente, los millonarios saben que pensar en grande y actuar en pequeño requiere paciencia. No es un camino rápido ni fácil, pero es el más efectivo. Ellos aceptan que el éxito no sucede de la noche a la mañana y están dispuestos a trabajar consistentemente para construir algo duradero. Entienden que cada pequeño paso cuenta, y que cada acción los acerca un poco más a esa gran visión que tienen en mente.

En resumen, pensar en grande les da a los millonarios una dirección clara y ambiciosa, mientras que actuar en pequeño les permite avanzar sin sentirse abrumados. Es una combinación poderosa que los mantiene motivados, enfocados y siempre progresando. Si adoptas esta mentalidad, descubrirás que no hay meta demasiado grande ni sueño demasiado ambicioso, siempre que estés dispuesto a empezar con pequeños pasos y seguir avanzando cada día.

Aprovechar las Crisis

Aprovechar las crisis es una habilidad que distingue a los millonarios del resto. Mientras la mayoría de las personas ven una crisis como un problema insuperable, los millonarios la ven como una oportunidad escondida, esperando ser descubierta. Ellos saben que los momentos difíciles generan caos, pero también abren puertas que no existen en tiempos de estabilidad. Esta mentalidad les permite no solo sobrevivir a las crisis, sino salir más fuertes y con más éxito que antes.

El primer paso para aprovechar una crisis es mantener la calma. En situaciones de incertidumbre, muchas personas reaccionan con miedo o impulsividad, tomando decisiones que empeoran su situación. Los millonarios entienden que el miedo nubla el juicio, así que se enfocan en analizar la situación con claridad. No se dejan llevar por el pánico del momento. En lugar de eso, se hacen preguntas clave: ¿qué está cambiando? ¿qué problemas necesitan soluciones? ¿dónde puedo aportar valor en este nuevo contexto?

Un ejemplo claro de esto es cómo reaccionan ante las recesiones económicas.

Mientras la mayoría de la gente recorta gastos y se refugia en la seguridad, los millonarios buscan oportunidades de inversión. Saben que durante una crisis, los precios bajan y los activos que normalmente serían inalcanzables se vuelven más accesibles. Compran propiedades, acciones o incluso negocios que están en dificultades, con la visión de que estas inversiones crecerán de valor una vez que la economía se recupere.

Otro aspecto importante es que los millonarios entienden el poder de adaptarse. Una crisis casi siempre trae cambios en las necesidades y comportamientos de las personas. Por ejemplo, durante la pandemia, muchas empresas tradicionales lucharon por sobrevivir, mientras que aquellas que se adaptaron rápidamente al mundo digital prosperaron. Los millonarios observan estas tendencias y ajustan sus estrategias para alinearse con la nueva realidad. No se aferran a lo que funcionaba antes; están dispuestos a reinventarse si es necesario.

Además, aprovechan las crisis para identificar problemas que necesitan soluciones urgentes. Saben que donde hay un problema, hay una oportunidad para ofrecer un producto o servicio que lo resuelva. Por ejemplo, durante una crisis de salud, podrían invertir en tecnología médica o en empresas que fabrican suministros esenciales. Durante una crisis energética, podrían explorar fuentes alternativas de energía. Ven las crisis como un momento para innovar y crear, en lugar de lamentarse por las dificultades.

La mentalidad de aprovechar las crisis también implica actuar con rapidez. Las oportunidades que surgen en estos momentos no duran para siempre. Los millonarios están preparados para moverse rápido cuando identifican una posibilidad. Esto no significa actuar impulsivamente, sino tomar decisiones informadas con agilidad. Entienden que el tiempo es crucial en una crisis, y que quien actúa primero a menudo obtiene la mayor recompensa.

Sin embargo, no todo es cuestión de oportunidades externas. Las crisis también ofrecen una oportunidad para reflexionar y fortalecer las bases. Los millonarios usan estos momentos para evaluar sus estrategias, eliminar lo que no funciona y reforzar lo que sí. Si una crisis expone debilidades en su negocio, las abordan directamente, asegurándose de estar mejor preparados para el futuro. No ven las dificultades como fracasos, sino como lecciones que pueden usar para mejorar.

Otro punto clave es que los millonarios ven las crisis como un momento para construir relaciones. Durante tiempos difíciles, muchas personas buscan apoyo y orientación. Los millonarios aprovechan para establecer conexiones genuinas, ayudando a otros y formando alianzas estratégicas. Estas relaciones no solo les ayudan a superar la crisis, sino que también crean oportunidades para el futuro. Saben que en los momentos de mayor necesidad es cuando se construyen las asociaciones más fuertes.

Aprovechar una crisis también requiere una visión a largo plazo. Los millonarios no se enfocan únicamente en sobrevivir el momento. Piensan en cómo las decisiones que toman ahora les beneficiarán en los próximos años. Por ejemplo, si invierten en un negocio durante una crisis, no esperan resultados inmediatos. Tienen la paciencia de esperar a que el mercado se recupere y a que su inversión alcance su verdadero potencial.

Es importante mencionar que aprovechar una crisis no significa ignorar los riesgos. Los millonarios hacen un análisis cuidadoso antes de actuar. Evalúan el peor escenario posible y se aseguran de estar preparados para enfrentarlo. Pero, a diferencia de muchos, no permiten que el miedo al riesgo los paralice. Entienden que toda gran oportunidad conlleva algún nivel de incertidumbre, y están dispuestos a asumir riesgos calculados para obtener recompensas significativas.

Por último, los millonarios tienen la habilidad de inspirar a otros durante las crisis. Mientras que muchos pierden la esperanza, ellos transmiten confianza y optimismo. Este liderazgo les permite no solo motivarse a sí mismos, sino también movilizar a sus equipos, socios e incluso a sus clientes. Las crisis, para ellos, son una oportunidad para destacar y demostrar que pueden superar cualquier desafío.

En resumen, aprovechar las crisis es un arte que combina visión, adaptación y acción estratégica. Los millonarios no ven los tiempos difíciles como un obstáculo insuperable, sino como un terreno fértil para el crecimiento. Mantienen la calma, identifican oportunidades, se adaptan rápidamente y actúan con decisión. Es esta mentalidad la que les permite convertir los momentos más desafiantes en los más rentables y significativos de sus vidas. Si puedes adoptar esta perspectiva, descubrirás que incluso en las peores crisis hay posibilidades de éxito esperando a ser aprovechadas.

Sistemas Automatizados para la Libertad Financiera

Los sistemas automatizados son el camino hacia la libertad financiera. Imagina un escenario donde el dinero sigue entrando a tu cuenta bancaria, incluso mientras duermes, viajas o simplemente disfrutas del tiempo con tu familia. Este es el sueño de muchas personas, pero para los millonarios es una realidad. Esto no significa que llegaron allí por arte de magia. Lo lograron diseñando y utilizando sistemas que funcionan de manera eficiente, con o sin su intervención constante.

Un sistema automatizado no es más que un conjunto de procesos que operan de manera independiente o con poca supervisión, generando ingresos constantes. Para entenderlo, piensa en un negocio que vende productos en línea. Una vez que el sitio web está configurado, los clientes pueden realizar pedidos, los pagos se procesan automáticamente y los productos se envían sin que el dueño tenga que intervenir manualmente. Esto es un sistema automatizado en acción. Los millonarios no solo crean estos sistemas; también los perfeccionan para maximizar su rendimiento.

El primer paso para implementar un sistema automatizado es identificar las tareas repetitivas o los procesos clave en un negocio o inversión. Los millonarios son expertos en detectar áreas donde el tiempo humano se desperdicia innecesariamente. Por ejemplo, si tienes un negocio de ventas, probablemente pases mucho tiempo gestionando inventarios, procesando pedidos o respondiendo preguntas frecuentes de los clientes. Estas son tareas ideales para automatizar mediante software o herramientas especializadas.

La tecnología es el pilar fundamental de los sistemas automatizados. Hoy en día, existen innumerables aplicaciones y programas diseñados para simplificar casi cualquier aspecto de un negocio o inversión. Desde plataformas que administran redes sociales hasta sistemas de trading automatizado, las posibilidades son infinitas. Los millonarios invierten tiempo en aprender sobre estas herramientas, porque entienden que cada dólar gastado en automatización les ahorrará horas de trabajo en el futuro. Este enfoque les permite liberar su tiempo para concentrarse en actividades más estratégicas o simplemente para disfrutar de la vida.

Sin embargo, la automatización no se limita a los negocios. También se puede aplicar a las finanzas personales. Por ejemplo, los millonarios suelen configurar transferencias automáticas para invertir en fondos de índice o bienes raíces. De esta manera, su dinero trabaja para ellos de forma constante, sin que tengan que tomar decisiones todos los días. Esto elimina el factor emocional de la ecuación y asegura que sus metas financieras sigan avanzando, incluso en momentos de distracción o crisis.

Otro aspecto crucial es la delegación. Aunque la automatización tecnológica es poderosa, no todo puede ser manejado por una máquina. Los millonarios combinan tecnología con talento humano. Contratan a personas capacitadas para supervisar los sistemas y solucionar problemas cuando sea necesario. Por ejemplo, un negocio de comercio electrónico puede usar software para procesar pedidos, pero un equipo humano estará disponible para atender problemas más complejos o brindar soporte al cliente en situaciones excepcionales. Este equilibrio entre automatización y supervisión humana garantiza que el sistema sea eficiente y confiable.

Uno de los mayores beneficios de los sistemas automatizados es que eliminan la necesidad de estar físicamente presente para generar ingresos. Esto les da a los millonarios la libertad de vivir donde quieran y hacer lo que deseen con su tiempo. Algunos viajan por el mundo, otros se enfocan en crear nuevos negocios o proyectos, y algunos simplemente disfrutan de la tranquilidad de saber que su futuro financiero está asegurado. La libertad que ofrecen estos sistemas no tiene precio, y es por eso que los millonarios los valoran tanto.

Pero no todo es perfecto. Crear y mantener un sistema automatizado requiere inversión inicial, tanto de tiempo como de dinero. Los millonarios no escatiman en estos recursos porque saben que el retorno será exponencial. También entienden que los sistemas no son estáticos; necesitan ser actualizados y optimizados constantemente para adaptarse a los cambios en el mercado o en la tecnología. Esta mentalidad de mejora continua es lo que garantiza que los sistemas sigan siendo rentables a largo plazo.

Además, los millonarios son conscientes de los riesgos de la automatización. Saben que depender completamente de un sistema sin supervisión puede ser peligroso. Por ejemplo, un error en un software de trading automatizado podría causar pérdidas significativas en cuestión de minutos. Por eso, siempre implementan controles y monitoreo regular para asegurarse de que todo funcione como debería. Este enfoque preventivo minimiza los riesgos y asegura que los sistemas trabajen a su favor, no en su contra.

Un error común que muchas personas cometen al intentar automatizar es tratar de hacerlo todo de una vez. Los millonarios, en cambio, abordan la automatización de manera gradual. Empiezan con los procesos más simples y los optimizan antes de pasar a tareas más complejas. Este enfoque escalonado les permite construir sistemas sólidos y efectivos sin sentirse abrumados ni cometer errores costosos.

Finalmente, los sistemas automatizados no solo generan dinero; también generan tranquilidad. Saber que tu futuro financiero no depende únicamente de tu tiempo o esfuerzo personal es una sensación liberadora. Los millonarios entienden que el dinero no es el único recurso valioso; el tiempo lo es aún más. Y al automatizar, están comprando tiempo, tiempo para pensar, para disfrutar y para construir un legado.

En resumen, los sistemas automatizados son una de las claves más poderosas para alcanzar la libertad financiera. Los millonarios los usan para multiplicar sus ingresos, liberar su tiempo y reducir el estrés asociado con la gestión diaria de negocios o inversiones. No es un proceso instantáneo ni fácil, pero los resultados valen la pena. Si estás dispuesto a invertir en tecnología, delegar y aprender, puedes crear sistemas que trabajen para ti, abriendo las puertas a una vida más libre y financieramente estable.

El Legado como Objetivo Final

Para los millonarios, el legado es mucho más que una palabra elegante. Es el propósito que da sentido a todo el esfuerzo, las decisiones y las inversiones que hacen a lo largo de su vida. Construir un legado significa dejar algo que trascienda, que impacte a otras personas incluso cuando ellos ya no estén presentes. No se trata solo de acumular riqueza, sino de crear un impacto duradero que refleje sus valores, sus logros y su visión del mundo.

El legado puede tomar muchas formas. Para algunos, se trata de una fortuna cuidadosamente administrada que garantice la estabilidad financiera de sus familias durante generaciones. Otros prefieren contribuir a causas sociales, construir fundaciones o financiar proyectos que mejoren la vida de las personas. Algunos millonarios ven su legado en las empresas que han construido, las cuales pueden seguir operando y ofreciendo empleo y valor a la sociedad mucho después de que ellos se hayan retirado. Independientemente de la forma, el concepto es el mismo: dejar algo significativo.

Un aspecto clave del legado es que requiere planificación consciente. No se construye por accidente ni de manera improvisada. Los millonarios piensan a largo plazo y toman decisiones estratégicas para asegurarse de que lo que dejen atrás tenga un impacto positivo y sea sostenible. Esto incluye desde la elección de inversiones hasta la forma en que educan a sus hijos. Quieren asegurarse de que su legado no solo sobreviva, sino que prospere.

Una de las áreas donde más se refleja el legado es en la familia. Muchos millonarios se esfuerzan por transmitir no solo su riqueza, sino también sus valores. Quieren que sus hijos y nietos aprendan a administrar el dinero con responsabilidad, a trabajar duro y a contribuir a la sociedad. No quieren que sus herederos simplemente gasten el dinero sin sentido, sino que lo usen como una herramienta para construir algo aún más grande. Por eso, dedican tiempo y recursos a enseñar a las siguientes generaciones sobre la importancia del esfuerzo, la disciplina y la generosidad.

Pero el legado no se limita al ámbito familiar. Los millonarios también buscan impactar en sus comunidades y en el mundo. Muchos de ellos utilizan su riqueza para financiar hospitales, escuelas, proyectos de investigación o iniciativas culturales. Entienden que el dinero tiene un poder transformador y quieren usarlo para marcar una diferencia. Este tipo de legado no solo beneficia a los demás, sino que también les brinda un profundo sentido de propósito y realización personal.

Sin embargo, construir un legado no es fácil. Requiere sacrificios, disciplina y una visión clara. Los millonarios saben que para dejar algo significativo, primero deben renunciar a la gratificación inmediata. Esto significa invertir en proyectos a largo plazo, incluso cuando los resultados no sean visibles de inmediato. También significa tomar decisiones difíciles, como priorizar ciertas metas sobre otras o enfrentarse a críticas por sus acciones. Pero para ellos, el esfuerzo vale la pena, porque están trabajando por algo más grande que ellos mismos.

Otro aspecto importante del legado es la sostenibilidad. Los millonarios no quieren que lo que construyen desaparezca rápidamente. Por eso, dedican tiempo a estructurar sus negocios, fundaciones o inversiones de manera que puedan operar de forma eficiente y rentable en el futuro. Esto puede implicar la creación de fideicomisos, la selección de líderes competentes o la implementación de sistemas que garanticen la continuidad. De esta manera, se aseguran de que su legado perdure más allá de su tiempo.

El legado también está relacionado con el impacto emocional. No se trata solo de lo que dejan materialmente, sino de cómo inspiran a otros. Muchos millonarios consideran que su mayor legado no es el dinero que acumulan, sino las vidas que tocan. Esto puede incluir empleados que han ayudado a crecer, comunidades que han transformado o incluso las ideas que han compartido y que han cambiado la forma en que otros ven el mundo. Este tipo de legado es intangible, pero profundamente valioso.

Es importante señalar que el legado no es algo que solo los millonarios pueden construir. Cualquier persona puede trabajar para dejar algo significativo. Sin embargo, los millonarios tienen la ventaja de contar con recursos que les permiten amplificar su impacto. Esto les da una responsabilidad adicional, porque saben que tienen el poder de influir en el mundo de maneras que otros no pueden. Muchos toman esta responsabilidad en serio y la convierten en una parte central de sus vidas.

Finalmente, el legado no es solo un objetivo, sino un proceso continuo. Los millonarios no esperan a estar al final de sus vidas para empezar a construirlo. Lo hacen todos los días, con cada decisión que toman. Cada inversión, cada conversación, cada proyecto es una pieza del rompecabezas de su legado. Y aunque el resultado final puede no ser completamente visible mientras estén vivos, confían en que lo que están haciendo tendrá un impacto duradero.

En resumen, el legado como objetivo final es mucho más que una acumulación de riqueza. Es la expresión de quiénes son, qué valoran y cómo quieren ser recordados. Los millonarios entienden que su verdadero éxito no se mide solo en dólares, sino en el impacto que dejan en las personas y el mundo. Trabajan arduamente no solo por lo que pueden disfrutar en el presente, sino por lo que pueden construir para el futuro. Y en ese esfuerzo, encuentran un propósito que va más allá de cualquier cantidad de dinero.